Eleanor Roosevelt
Primera dama estadounidense y defensora de la igualdad de derechos

Grace Hansen

Abdo
BIOGRAFÍAS: PERSONAS
QUE HAN HECHO HISTORIA
Kids

abdopublishing.com

Published by Abdo Kids, a division of ABDO, PO Box 398166, Minneapolis, Minnesota 55439.

Copyright © 2017 by Abdo Consulting Group, Inc. International copyrights reserved in all countries. No part of this book may be reproduced in any form without written permission from the publisher.

Printed in the United States of America, North Mankato, Minnesota.

102016

012017

 THIS BOOK CONTAINS RECYCLED MATERIALS

Spanish Translator: Maria Puchol

Photo Credits: AP Images, Corbis, Getty Images, iStock, Shutterstock

Production Contributors: Teddy Borth, Jennie Forsberg, Grace Hansen

Design Contributors: Laura Mitchell, Dorothy Toth

Publisher's Cataloging-in-Publication Data

Names: Hansen, Grace, author.

Title: Eleanor Roosevelt: primera dama estadounidense y defensora de la igualdad

de derechos / by Grace Hansen.

Other titles: Primera dama estadounidense y defensora de la igualdad de derechos

Other titles: Eleanor Roosevelt: First Lady & equal rights advocate. Spanish

Description: Minneapolis, MN : Abdo Kids, 2017. | Series: Biografías: personas que
    han hecho historia | Includes bibliographical references and index.

Identifiers: LCCN 2016947913 | ISBN 9781624026805 (lib. bdg.) |
    ISBN 9781624029042 (ebook)

Subjects: LCSH: Roosevelt, Eleanor, 1884-1962--Juvenile literature. | Presidents' spouses--United
    States--Biography--Juvenile literature. | Spanish language materials--Juvenile literature.

Classification: DDC 973.917/092 [B]--dc23

LC record available at http://lccn.loc.gov/2016947913

Contenido

Primeros años de vida 4

Su influencia 12

Su muerte y su legado 20

Línea cronológica 22

Glosario 23

Índice 24

Código Abdo Kids 24

Primeros años de vida

Anna Eleanor Roosevelt nació el 11 de octubre de 1884. Se crió en la ciudad de Nueva York.

Nueva York

5

Eleanor era una niña tímida.

No se sentía importante.

Cuando tenía 15 años se fue

de internada a una escuela

en Inglaterra. Allí se hizo

más fuerte.

7

Eleanor volvió a casa lista para hacer algo importante. Empezó a trabajar en un **albergue para inmigrantes**. Les daba clases a los niños de los **inmigrantes**.

En 1902 conoció a Franklin Roosevelt. Se casaron el 17 de marzo de 1905. Tuvieron seis hijos.

11

Su influencia

En 1933 Franklin se convirtió en el presidente número 32 de Estados Unidos. Lo cual hizo que Eleanor se convirtiera en la **primera dama**. Eleanor usó este título para ayudar a mucha gente.

Franklin estuvo enfermo durante muchos años. Le resultaba difícil viajar. A menudo Eleanor viajaba por él. Conoció a gente de todo el mundo y vio cuáles eran sus problemas.

15

Eleanor sabía lo que era sentirse poco importante. Intervino para ayudar a los que recibían un trato injusto. Ayudó a los trabajadores y a los pobres. Ayudó a las mujeres y a los afroamericanos.

En 1946 Eleanor fue elegida miembro de las **Naciones Unidas**. Trabajó con los derechos humanos. Pudo ayudar a gente de todo el mundo.

ÉTATS-UNIS D'AMÉRIQUE

19

Su muerte y su legado

Eleanor cambió para siempre el rol de la **primera dama**. Trabajó para conseguir lo que era justo y bueno. Murió el 7 de noviembre de 1962.

Línea cronológica

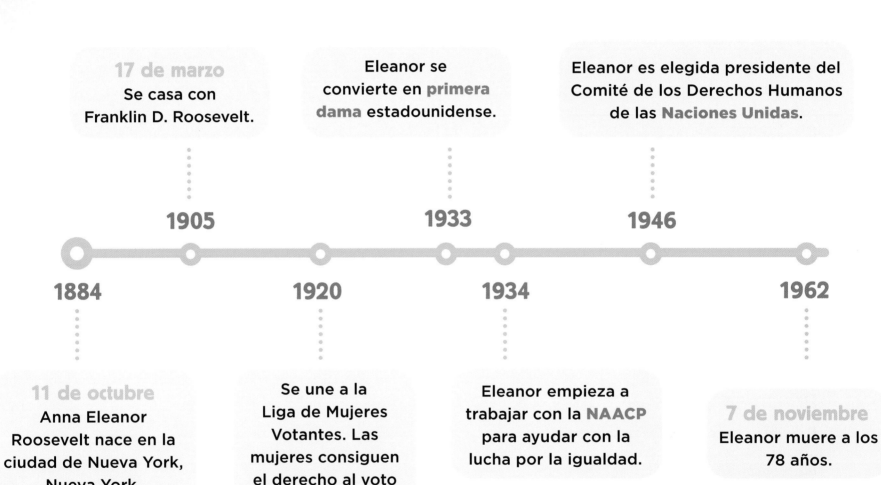

17 de marzo
Se casa con
Franklin D. Roosevelt.

Eleanor se
convierte en **primera
dama** estadounidense.

Eleanor es elegida presidente del
Comité de los Derechos Humanos
de las **Naciones Unidas**.

1905

1933

1946

1884

1920

1934

1962

11 de octubre
Anna Eleanor
Roosevelt nace en la
ciudad de Nueva York,
Nueva York.

Se une a la
Liga de Mujeres
Votantes. Las
mujeres consiguen
el derecho al voto
ese mismo año.

Eleanor empieza a
trabajar con la **NAACP**
para ayudar con la
lucha por la igualdad.

7 de noviembre
Eleanor muere a los
78 años.

22

Glosario

albergue para inmigrates – lugar que provee servicios comunitarios en zonas muy pobladas de una ciudad.

inmigrante – persona que se va a vivir a otro país.

NAACP – siglas en inglés para la Asociación Nacional para el Progreso de las Personas de Color. Fundada en 1909 para asegurar la igualdad de derechos y para terminar con el racismo.

Naciones Unidas – grupo formado por la gran mayoría de los países del mundo. Se creó en 1945 para promover la paz, la seguridad y la unidad.

primera dama – esposa del jefe de gobierno de un país.

Índice

afroamericanos 16, 18

derechos humanos 18

escuela 6

muerte 20

mujeres 16

nacimiento 4

Naciones Unidas 18

niños 10

Nueva York 4

primera dama 12, 20

Roosevelt, Franklin 10, 12, 14

trabajo 8, 14, 16, 18

abdokids.com

¡Usa este código para entrar en abdokids.com y tener acceso a juegos, arte, videos y mucho más!

Código Abdo Kids:
HEK1231